능소화꽃
목련꽃
천사의 나팔꽃

능소화꽃 목련꽃 천사의 나팔꽃

초판 1쇄 발행 2025년 1월 16일

지은이 유봉서
펴낸이 장현수
펴낸곳 메이킹북스
출판등록 제 2019-000010호

디자인 윤목화
편집 윤목화
교정 강인영
마케팅 김소형

주소 서울특별시 구로구 경인로 661, 핀포인트타워 912-914호
전화 02-2135-5086
팩스 02-2135-5087
이메일 making_books@naver.com
홈페이지 www.makingbooks.co.kr

ISBN 979-11-6791-654-9(03810)
값 12,000원

ⓒ 유봉서 2025 Printed in Korea

잘못된 책은 구입하신 곳에서 바꾸어 드립니다.
이 책의 전부 또는 일부 내용을 재사용하려면 사전에 저작권자와 펴낸곳의 동의를 받아야 합니다.

메이킹북스는 저자님의 소중한 투고 원고를 기다립니다.
출간에 대한 관심이 있으신 분은 making_books@naver.com로 보내 주세요.

능소화꽃 목련꽃 천사의 나팔꽃

유봉서 지음

메이킹북스

목차

6월의 향기	6
가을 비	7
가을	8
가을이 가는 길목에 서서	9
감사(感謝)	10
감사(感謝)의 기도(祈禱)	11
겨울 마중	12
겨울 손님	13
계절(季節)	14
계절은 세월의 전령사련가	15
고목에도 꽃은 피려나	16
구름의 조화	17
기다림	18
꿈	19
낙엽(落葉)	20
남풍에 새봄을 싣고!	21
남풍이 불면	22
내 마음1	23
내 마음2	24
그리움	25
내일은 기다림	26
농가(農歌)	27
눈꽃	28
늘 푸른 청송(靑松)	29
능소화꽃	30

대지에 겨울 선물	31
동장군	32
들꽃	33
마음의 창	34
모정(母情)의 한(恨)	35
목련이 피던 날	36
뭉게구름	37
방울토마토	38
봄을 기다리는 마음	39
봄이 오는 길목에 서서	40
봄이 오는 소리	41
빛과 희망	42
산수가	43
새 아침	44
세월(歲月)	45
아름다운 세상	46
옛집	47
오늘	48
요즘 날씨	49
우리의 삶	50
잡초	51
정거장	52
천사의 나팔꽃	53
파도	54
하얀 눈 마음	55
허송세월(虛送歲月)	56
허수아비	57

6월의 향기

백합꽃 향기 그윽한 우리 집
아침에 일어나 창문을 열고
화단 앞을 지나노라니 백합꽃 향기가 나를 유혹하네
백합꽃도 사랑이 그리워서인지
사람이 지나는 쪽으로 고개를 돌리고
숨이나 쉬듯 찐한 향기를 내뿜네
밤이면 고운 잠자려고 꽃 잎을 오므려
다물었다가 아침이면 해님 보고
아침 인사하려고 꽃잎을 엽니다

가을 비

우두둑 우두둑 비 내리는 날에는
낙엽마저 삭풍에 쌓여 거리를 헤맨다
전봇대 휘파람 소리 길 가던 나그네 옷깃 여민다
아직도 가지에는 고운 잎 남았는데
찬 서리 모진 바람이 가을을 재촉하네!!

가을

들녘에 벼 이삭이
황금물결 이루고
산들바람이 비단 치마
살랑살랑 흔든다
말 없는 허수아비
허공만 바라보고
볏잎에 메뚜기
그네를 타고
참새 떼 날아와
모시 먹는다
볏잎에 찰마구리
밤새워 우네!!

가을이 가는 길목에 서서

끼룩끼룩 기러기 고향에 가고
창공에 조개구름 마음도 찬데
귀뚜라미 가을 노래 아침이 오네
옥잠화 꽃잎은 아직 푸른데
찰마구리 이불삼아 가을 잠 자네
풀잎에 찬이슬 은방울 맺고
이슬에 날개 젖은 고추잠자리
해돋이 기다리며 단잠 자는데
참새가 날아와서 잠을 깨우네

감사(感謝)

아침에 눈을 뜨고
새로운 하루를 맞이할 때마다
늘 감사의 마음을 갖고
아름다운 세상에 태어나
사랑과 행복을 느낄 수 있다는 것에
늘 감사합니다
나에게 주어진 하루 일과를
기쁨과 보람으로 마치고
잠자리에 들 수 있다는 것에
늘 감사하는 마음을 가져 보네요

감사(感謝)의 기도(祈禱)

태양이 찬란함에 감사하고

창공에 마음 씻어 감사하고

자연에 율이 있어 삶에 감사하고

우리 가정에 평강이 있어 감사하고

나라에는 태평이 깃들기를 기원합니다

겨울 마중

들녘은 벌써 찬바람 불어
황량하기만 한데
헐벗은 허수아비 찬바람 싫다고
손을 흔드니
새들이 날아와서 함께 놀자네
아직도 집 못 찾은 찰마구리가
찬 서리 가려주는 검불 속에서
눈 이불 덮어 달라 울고 있네요

겨울 손님

메마른 대지에 눈이 내려
온 누리를 백야로 만든다
뜰 앞 감나무에 까치가 와서
까치~ 지저귀며 노래를 하네
까치가 지저귀면 귀한 손님 온다는데!!
개 짖는 소리에 창밖을 보니
참새들이 날아와서 인사를 하네

계절(季節)

들밭에 고추가 하나둘씩 옷 갈아입기를 하는
7월의 한가운데 녹색으로 단장했던 고추가
붉은 옷으로 갈아입기를 한다
햇살이 따가워서인지 하나둘씩
붉은 옷으로 갈아입기를 한다
진녹색 콩잎이 나도 하고 꽃잎을 시샘한다
들판 벼논에 모 심은 지가 엊그제 같은데
들판 온 누리에 녹색으로 너울이 졌다
내일모레가 초복이다
벼가 마디 하나가 생긴다고 한다
그 다음은 중복 또 그 다음은 말복이면
벼의 생육이 다 끝나고 머지않아 들판에는
황금물결이 춤을 출 것이다
이 모든 것이 세월이란 놈이 만든 요술 같은 일
우리는 계절에게 감사할 뿐이다

계절은 세월의 전령사련가

이른 아침에 잠에서 깨어 무심코 창밖을 보다가
담장 위의 능소화꽃이 눈에 띈다
어제까지만 해도 보이지 않은 능소화꽃이
예쁜 꽃몽우리를 터트려 나를 반기듯
아침 바람에 하늘~하늘 춤을 춘다
나는 요즘 벽에 걸린 달력을 언제 봤는지
생각조차 나지 않는다
오늘에서야 달력을 보니 6월 30일이다
누가 세월(世月)이 유수(流水) 같다고 했던가?
참 세월(世月)이란 놈 무심(無心)하기도 하지
내게는 간다는 말도 없이
2013년도 반도 남기지 않고 가버리다니
무정한 세월(世月)아!!

고목에도 꽃은 피려나

먼동이 트기까지는 아직도 멀었는데
선잠에서 깨어 어젯밤 꿈속에서
못다 한 사연에 깬 잠이 아쉬워서
잠을 청해 본다.
나무도 늙으면 오던 새 아니 온다는데!!
오실 임 기다리다 지쳐 버리면
꿈속에서 내 님 만나서
못다 한 옛이야기 하련다

구름의 조화

두둥실 떠도는 저 구름아
한 폭의 그림같이 아름답고나
풍운이 조화를 부려 태산도 되었다가
창파에 성난 파도 그리니 참 신기하고나
내 마음 너에게 실어
풍운조화를 함께 즐기면 어떠리

기다림

나는 살면서 무엇을 생각하나?
내일은 또 무엇을 하고 무슨 일이 생길는지
내일이 기다려진다
내일은 또 좋은 일이 있을는지
상상해 보며 또 하루를 기다린다
오늘도 또 내일을 기다리며
서산 저편에 노을을 보내며
내일을 기다린다

꿈

잠에서 깨어 눈을 떠 보니
아직은 정적의 기우는 소리뿐
내가 나를 잊은 듯 허공을 본다
지난밤 꿈 여행이 주마등처럼 스쳐 간다
그곳은 삼라만상이 아름답기도 하고
춥지도 덥지도 않은
무아경의 쉼터도 있었던 것 같은데
우리가 사는 세상에도
이런 곳이 있다면 얼마나 좋을까?
공상을 해 본다
아~ 아 꿈이었구나
꿈!!

낙엽(落葉)

산천초목이 봄 되면 꽃피워 열매 맺으니
이 세상 온 누리가 아름답기만 한데
열매는 어데 가고 잎사귀만 남아
색동옷 갈아입고 봄 아가씨 기다리다
삭풍이 심술 부려 낙엽 만드니
오가는 발길에 밟히고 부서져
바스락바스락 애절한 소리
오가는 발길은 모른 체하네

남풍에 새봄을 싣고!

동장군이 지나간 잔디밭에는
푸르던 잔디가 하얀 이불로
헐벗은 흙의 알몸 덮어 주는데
봄 사신 앞세우는 남풍이 불어
여기저기 새싹 돋아 수를 놓았네
멀리서 아지랑이 신기루같이
보일락 말락 아른거리네
들녘 밭두렁에 쥐불 연기는
봄 아씨 기다리며 허공을 도네!!

남풍이 불면

저 멀리 남쪽에서 바람이 불면
아지랑이 아른아른 봄 아씨 오네
아직도 녹다 남은 잔설 사이로
성급한 새싹들이 보일락 말락
해님을 기다리며 숨바꼭질하네!!

내 마음1

흘러가는 저 강물에 내 마음 실어 보내고
흐르는 물처럼 살아가려 했더니

욕심이가 내게 와서 길동무하자 하네
비우면 가벼운 줄 모르는 이 없을진대
왜 그리 채우려고 동분서주 허둥대나

옷 한 벌 조반석죽 쉬는 곳이 내 집인 걸
단잠 고운 꿈에 내 영혼도 쉬어가네

채워도~ 채워지지 않는 그놈의 욕심 때문에
갈 곳 잃은 내 마음 허공을 방황하네
이제라도 허무한 욕심

다 버리고 일엽편주에 내 마음 실어
망망대해로 유람이나 할까 하노라

내 마음2

내 마음을 종이에 그릴 수만 있다면
마음이 아플 때는 약을 주고
마음의 상처에는 연고를 바르고
마음이 슬플 때는 진통제를
마음이 외로울 때는 사랑의 묘약으로 치료하지요
연필로 내 마음을 치료할 수만 있다면
얼마나 좋을까 하지만
연필로 내 마음을 쓰면 지워지지 않을까
걱정이 된다

그리움

마음으로 그려 보는 그림
보이지도 않고 만져지지도 않는 그림
내 작은 가슴을 배회하는지
지웠다가 다시 그려 봐도
형상조차 보이지 않는다
형상이라도 보이면
마음으로라도 만져 보련만
형상도 보이지 않으니
그리움만 내 마음 아프게 하네!!

내일은 기다림

우리는 내일이 있기에 희망을
잃지 않고 내일을 기다리고 내일은
또 내일을 기다리는 희망 속에서
살아가고 있는 게 아닌가 한다
산다는 것은 무엇을 하고 싶고
하는 일이 잘 이루어지기를
기다리며 갈망하면서 살아가는 것이
우리의 삶이 아닌가 한다
내일의 희망은 우리의 삶에 '엔도르핀' 같은
무형의 마법이기에 내일의 희망을 기다리며
오늘도 내일을 기다리며 내일이라는
희망의 기다림을 잃지 않으련다

농가(農歌)

목마른 대지에 단비가 내리면
어둠의 장막이 온 누리를 덮으니
기긴 밤 풀벌레 우는 소리 밤의 적막을
깨트리니 단잠 깬 농부의 기침 소리에
새벽의 먼동이 어둠을 거둔다

초승달 서창에 걸려 새날을 재촉하니
농부의 발걸음이 오늘을 재촉하네. 아서라,
내일 또 오늘이 있을 것을 그리 서둘러 무엇 하리
차라리 서창에 초승달 벗 삼아 쉬어 감이 어떠리

눈꽃

삼라만상이 화려했던 산야는
동장군의 시샘에 어느덧 자취를 감추고
앙상한 형상만 남았는데
하늘에서 함박눈 선물 내려
흰옷으로 갈아입히니
설상의 아름다움을 무엇에 비유하랴!!

늘 푸른 청송(靑松)

산천초목이 계절 따라 옷 갈아입기를 하는데
너 청송은 왜 푸른색을 고집하느냐
네 푸른 절개를 자랑하고 싶어서인지
겨울에 동장군이 와도 새봄에 꽃과 나비가 유혹을 해도
청송의 늘 푸름은 변함이 없구나
우리도 늘 푸른 청송처럼 독야청청하리라

능소화꽃

돌담 위에 가지
기대어 꽃피우는
능소화꽃 외로움
달래려고 담쟁이 풀
이웃하고 능소화꽃
향기 품어 벌 나비 모아
능소화 전설 이야기하며
꿀 잔치하네…

대지에 겨울 선물

겨울은 대지를 삭막하게 만드는데
하늘에서 내리는 천사 같은 하얀 눈은
온 대지에 하얀 이불 덮어 주는데
찌들은 내 마음 저 하얀 눈이 감로수
되어 씻어줄 수만 있다면 저 하얀
눈송이 속에 내 마음
던져 버리고 싶다

동장군

삭풍에 나둥그는 나뭇잎새에
정 없는 그 세월 묻혀 보내고
말없이 흘러가는 저 강물에
이 마음마저 띄워 보내면
옛 추억이 찾아와 빈 가슴 채워 주네
밤이면 울어대는 귀뚜라미는
아직도 가을 노래 불러 주는데
봄 아가씨 기다리다 창밖을 보니
동장군 먼저 와서 나를 반기네…

들꽃

오라지도 가라지도 않는 나는 들꽃
내 이름은 민들레 봄바람이 나를 싣고
이곳저곳 여행하다 잠시 쉬어
나만 두고 가 버리니
내 살 곳이 여기였네
봄이면 새싹 돋아 샛노란 꽃피우니
철새들이 찾아와서 지지배배 노래하네!!

마음의 창

잠에서 깨어 무심코 창밖을 보니
아직도 세상은 고요하기만 한데 선잠을
이기지 못한 채 어설픈 기지개를 켜 본다
간간이 들려오는 풀벌레 소리에 나는 아침을 연다
하늘에는 뭉게구름이 여기저기 떠 있고
그 모양이 아름다운 산 모양도 되었다가
바람이 요술을 부려 아름다운 바다 모양을 하기도 한다
내 마음속에도 구름이 있다면 어떻게 생긴 모양일까?
나는 내 마음의 구름을 그려 보려고 애써 눈을 감고
공상에 잠겨 본다

모정(母情)의 한(恨)

서산에 해질 무렵 나는 동구 밖
먼 곳을 하염없이 바라보며 누군가를 기다린다
재 넘어 이 마을 저 마을을 전전하면서
광주리 도부선 머리에 이고 행상을 하시는 우리 어머니
색 바랜 무명 치마허리 끈 졸라매신 우리 어머니
허기진 배 발걸음 길 재촉하시네
창백한 얼굴에는 식은 땀방울이 이슬로 맺힌다
어머니가 이고 있는 광주리에는 낡은 곡식자루가 보인다
나는 어머니에게 달려가 어머니 이제 와 하고
돌아서서 울음을 터트리고 말았다
너 우는 거니 나 괜찮아 울지 마
어머니는 내 등을 어루만져 주셨다
우리 어머니는 오직 자식을 위해 우렁이 엄마처럼
자신을 희생하셨다

목련이 피던 날

살포시 입술 내밀었어
하얀 얼굴 치장했나 봐
귓불에 스치는 향기 목련 잎새
가슴 열어 제일 먼저 달려가고 싶은
내 마음 너에게 있었는걸
긴 기다림 곁에 내 가슴 이렇게
흔들리고 있잖아
춤추는 바람결에 햇살이 잠재울 거야
가지 마라
우아한 네 미소 오래오래 머물고 싶잖아

뭉게구름

창공에 둥실 떠있는 저 구름아
한 폭의 벽화처럼 아름답구나
풍운에 조화로 푸른 산도 되었다가
만경창파에 파도도 되었다
참 신비하기도 하다
내 마음 너에게 실어
풍운조화를 같이 즐기면
어떠할까 하노라

방울토마토

방울 같은 열매를 맺는다고 해서
그런 이름을 붙였는지 방울 하면
기쁜 소식을 알리는 상징이기도 하고
다산을 의미하기도 한다
한 개의 꼭지에 여러 개의 열매가 달려도
붉은빛으로 익을 때는 위쪽으로부터
순서대로 하나둘씩 붉은 적황색으로 물든다
식물도 생장의 질서를 지키는 성싶다
사람도 식물처럼 생장의 질서를 지키며 산다면
얼마나 좋을까 하는 생각을 해 본다

봄을 기다리는 마음

창문을 열고 무심코 뜰 앞을 보다가
풍상에 얼어붙은 화단에 눈길이 멈춘다
아직은 잔설이 남았는데도
뾰족이 입술 내미는 수선화 꽃망울이 측은하기만 하다
밤이면 눈 이불 덮고 숨어 있다가
동녘에 해님 오면 예쁜 얼굴 붉히니
봄 아씨 마중 나와 꽃을 반긴다!!

봄이 오는 길목에 서서

삼라만상(森羅萬象)이 새 옷 입기를 기다리고
겨울잠에서 깨어난 개구리들은 시냇물에
퐁당퐁당 뛰어드는데 냇가에 버들강아지
겨울옷 벗으려고 바스락바스락 몸짓하는데
물 찾은 청둥오리 먹이 찾는데 나그네 기침
소리에 날아가누나. 길 가던 나그네 발길 멈추고
허공을 바라보며 먹이 찾던 청둥오리 그리워하며
기침 소리 원망하며 한탄을 하네!!

봄이 오는 소리

졸졸졸 흐르는 시냇물 소리
아직도 녹다 남은 얼음벽 사이로
흘러만 간다
냇가에 버들강아지는
몸집 불리기에 여념이 없다
겨울 난 억새꽃씨 봄바람 타고
허공을 날다 흙에 앉으니
오는 봄 새싹 돋아 꽃피웠다가
다시 오는 동장군님 기다릴래요!!

빛과 희망

세상을 살아가는 데는
기쁨과 슬픔 번뇌 등이
교차하며 갈등을 한다
그러나 인생사 새옹지마라 했던가
구름이 태양을 가릴 때도 있지만
바람이 구름을 걷어주는 날이 있듯이
신은 삶에 시련과 고통을 주신 보상으로
희망과 광명을 주시기도 한다
내일의 희망과 광명을 기다리면서
굳세게 살리라!!

산수가

산은 옛 모습 그대로인데
물은 옛 물이 아니듯이
어제의 옛 모습 어데 가고
핏기에 허기진 주름만 남었네
먼저 간 옛사랑을 허공에다 그려 본다
동녘에 해 오르면 온 세상 비추는데
밤하늘 초승달은 이 마음 알아줄는지
새벽별 반짝반짝 먼동이 트네!!

새 아침

동녘 하늘에 먼동이 트면
온 세상이 미경으로 충만하고
들녘에 풍경을 바람이 흔들어
황금물결을 만드니 이 또한 장관이로세
서산에 낙조가 붉게 물들면
뭉게구름 수를 놓아 한 폭의 명화가 되니
이 아름다움은 신의 그림이 아닐는지?

세월(歲月)

담장 울타리에 능소화가 가지를 늘어트려
예쁜 꽃송이를 만들어
꽃망울의 입술을 내민다
능소화가 필 무렵은 대략 6월경인데
무심코 벽에 걸린 달력을 보니 6월 30일
아~ 아 벌써 한 해의 절반이다 생각하니
세월(歲月)이 유수(流水) 같다는 말을 실감케 한다
무정(無情)한 세월(歲月)이란 놈 한마디 말도 없이
또 한 해를 재촉하는구나
미워도 어쩔 수 없는 얄미운 세월아…

아름다운 세상

동녘 하늘에 먼동이 트니
온 세상이 아름다움으로 충만하고 들녘에 산들바람이
황금물결을 이루니 이 또한 장관이로세
서산에 낙조가 붉게 물들면
조각구름이 수를 놓아
한 폭에 그림이 되니
이 그림은 신의 그림이 아닐는지
이 그림의 이름을 천화라고 부름이
어떠할는지!!

옛집

옛날이 그리워 옛집을 찾았더니
풍상에 찢기고 허물어진 형상만
나를 반기네!!
무정한 세월은 덧없이 오가는데
굳이 그 옛날을 들추어 무엇 하리
차라리 오가는 세월 탓이나
할까 하노라!!

오늘

동녘에 해가 솟아 세상을 열면
이름 모를 풀꽃들이 잠에서 깨어
꽃술에 이슬방울 요지경놀이
풀벌레 노래 불러 봄을 부르니
남풍이 봄을 불러 함께 오려나
산새들이 노래 불러 봄 아가씨 반기면
들녘에 아지랑이 아롱거리고
서산에 붉은 해는 곱기만 한데
지는 해 아쉬워하며 허공에다
내일을 그려 본다

요즘 날씨

봄 가뭄이라고는 하지만
언제 비가 왔는지도 모른다
일기 예보에는 가끔 우산 그림과
구름 그림이 눈에 뜨이기는 하지만
말 그대로 그림 떡이지요
우리 집 앞마당 잔디가 시들다 못해 말라 가는 걸 보면
내 마음에도 갈증을 느끼곤 한다
언젠가 비가 오면 차 한잔하면서
고달픈 인생살이에 지친 내 가슴을 흠뻑 적셔 주기를
기대해 보기도 하지만 날이 밝으면
하늘 쳐다보기 마음만 초조해진다
6월의 어느 날!!

우리의 삶

세상은 어수선하고 내 삶은
힘들어도 계절은 변함없어 봄은
찾아오네 뜰 앞 양지쪽에는 수선화가
꽃몽우리를 뾰족이 내밀었다가 동장군이
무서워서인지 밤에는 땅속으로 숨바꼭질하듯
낮에는 예쁜 꽃잎을 벌린다
옆에 목련이 털모자를 벗을랑 말랑 하며 햇님을 기다린다
마당 저편에 상사화 잎이 얼굴을 내민다
상사화는 잎은 꽃을 보지 못하고
꽃은 잎을 보지 못하는 애달픈 사연을 가진 꽃이란다
마당 앞 오엽송에 기대어 공생하는 명주나무는
아직은 꽃몽우리를 움츠리고 내일을 기다린다
뜰 앞에 진달래, 철쭉은 아직도 겨울잠을 자고 있는 성싶다

잡초

밟히고 또 밟혀도 슬프지도 않은지
찬바람 찬이슬이 싫지도 않은지
풍운조화 동무 삼아 세상 구경 나들이하는
이름 없는 잡초야! 수많은 식물 중에
왜 하필 이름 없는 잡초인가
잡초가 숙명이라면 나는 슬프지 않아
꽃피고 열매 맺으면
벌 나비가 반겨 주니까!!

정거장

오르고 내리는 사람들로 붐비는 정거장에는
늘 꿈과 희망을 찾는 만남과
이별, 사랑과 그리움이 쌓여 있다
추억과 낭만이 머무는 곳
고향과 타향을 오가는 망향과 향수의 장터이기도 하다
세월도 머물다 가는 추억의 정거장
수많은 사연 세월 속에 묻고
숱한 사연 남긴 채 희망찬 내일 향해
기차는 힘차게 달린다

천사의 나팔꽃

이름하여 네 이름은 천사의 나팔꽃
이 세상의 모든 식물이 하늘의 태양과
풍운조화를 함께하는데
너는 왜 땅을 보며 꽃을 피우니
너 보기가 애처롭구나
그래도 네 꽃과 향기만은 내 마음을 즐겁게 해주니
네 이름 천사의 나팔꽃이라 부르리

파도

일엽편주에 내 마음 실어
창파에 마음 씻어 볼까 하였더니
파도가 이르기를 창파는 왜 찾아와 파도를 성나게 하나?
차라리 쌓인 사연 해풍에 날려
보내 보는 것이 어떠리

하얀 눈 마음

겨울에 내리는 눈도 여러 가지 형태다
싸라기같이 생긴 '싸락눈'
가루같이 생긴 '새매기 눈',
목화송이같이 생긴 '함박눈'
눈에 형태에 따라
우리의 마음이 달라진다
'싸락눈' 마음이 메마르고
'새매기'는 마음이 삭막하고 춥다
'함박눈'은 어머니 품속같이 따듯하고
옛날의 추억을 회상케 하기도 한다

허송세월(虛送歲月)

아침에 잠에서 깨어 무심코 벽에 걸린 달력을 보니
오늘이 벌써 금요일이다
어제가 일요일이었던 것 같은 착각마저 든다
벌써 한 주의 끝자락이라니
세월이 날을 속이는 것은 아닌지?
하는 생각마저 든다
이 모든 것이 할 일이 정해져 있지 않기 때문이다
이런 것을 보고 허송세월을 한다고 하는 게 아닌가?
인생의 삶의 회의마저 느껴진다
남은 생의 시간도 그리 많지 않은데
허송세월을 한다는 것은 삶을 포기한 것이나
같은 것이 아닌가 생각이 든다
지금이라도 남은 귀한 시간을
짜임새 있게 활용하련다

허수아비

들녘에 산들바람이 불면
고추잠자리 춤추며 가을을 부르고
푸르던 벼 이삭 황금 옷 갈아입네
허수아비 팔 흔들어 새 쫓기 하니
새들이 날아왔다 되돌아가네
허수아비야 허수는 어데 가고
아비만 홀로 외로이
이 들녘을 지키느냐?